그 섬에는 별이 뜨고 별이 진다

그 섬에는 별이 뜨고 별이 진다

시산맥 기획시선 145

초판 1쇄 인쇄 | 2025년 2월 24일
초판 1쇄 발행 | 2025년 2월 28일

지은이 곽문호
펴낸이 문정영
펴낸곳 시산맥사
편집주간 김필영
편집위원 최연수 박민서
등록번호 제300-2013-12호
등록일자 2009년 4월 15일
주소 03131 서울특별시 종로구 율곡로 6길 36. 월드오피스텔 1102호
전화 02-764-8722, 010-8894-8722
전자우편 poemmtss@naver.com
시산맥카페 http://cafe.daum.net/poemmtss

ISBN 979-11-6243-554-0 (03810) 종이책
ISBN 979-11-6243-555-7 (05810) 전자책

값 12,000원

* 이 책은 전부 또는 일부 내용을 재사용하려면 반드시 저작권자와 시산맥사의 동의를 받아야 합니다.
* 이 책은 교보문고와 연계하여 전자북으로 발간되었습니다.
* 본문 페이지에서 한 연이 첫 번째 행에서 시작될 때에는 〈 표기를 합니다.
* 저자의 의도에 따라 작품의 보조 동사와 합성 명사는 띄어쓰기가 달라질 수 있습니다.

그 섬에는 별이 뜨고 별이 진다

곽문호 시집

| 시인의 말 |

한동안 잊은 듯 책상 서랍에 두었던
오래된 만년필을 찾아 잉크를 넣었다
만년필 속 묵은 잉크 찌꺼기가 굳어 있어
다시 잉크를 넣어도 금방 글씨가
끊어지고 매끄럽게 쓰이지 않았다
펜촉을 씻어내고 몇 번을 꾹꾹 누르고
숨통을 열어주고서야
글씨가 제대로 쓰인다
시도 그랬다
꾹꾹 누르고 다듬고 몇 번을
어두운 눈길로 씻어냈다
시 밭에 발을 묻고 산 지 20여 년 되었지만
열매를 맺지 못한 아쉬움이
늘 가슴 한편에 자리하고 있었다
깊은 호수를 무사히 건너온 반쪽 난 달빛과
어깨를 나란히 맞대고 걷다가
텅텅 빈 시간 속에서 이제 갓 피는

달맞이꽃이 비밀의 문을 열고 나오는 듯
오랫동안 먼지를 둘러쓰고 묵혀두었던
시들을 세상 밖으로 끄집어내었다
오랫동안 묵혔다고 숙성된 고급술처럼
독하지도 않고 비싸지도 않다

오랜 친구에게 안부를 묻듯
이 시집을 보낸다

2025년 2월 이른 봄날, 곽문호

■ 차 례

1부

마디	19
박물관	20
엄마 냄새	21
발가락	22
얼굴	24
선착장 가로등	25
장사도 동백	26
어떤 거리를 유지하든	27
소금꽃	28
고독한 새벽	29
어떤 위로慰勞	30
숯	31
다솔사 사리탑	32
균형 잡기	34
강가에서	36
봄날 오후	37

2부

감나무	41
박태기나무꽃	42
이사	44
얼룩	45
소나기	46
장독	47
호박꽃	48
외로워서 꽃은 피고	49
감성돔	50
금붕어	52
시래기	53
찔레꽃	54
새소리	55
괭이	56
꽃잎이 흔들리는 이유는 뭘까	58
눈 내리던 날	60
매미 소리	61

3부

유등	65
백 년 후의 약속	66
봄날의 왈츠	68
치매	70
맨드라미꽃	71
눈꽃 편지	72
봄 오는 소리	73
구름	74
동그라미	75
비보호	76
가을 미용실	77
낙엽들의 시위	78
리기다소나무	79
노고단에서	80
찻사발	82
뭐가 그리 좋은지	84
다시 시작한다는 것은	85

4부

돼지감자꽃	89
수선화	90
모란	92
초롱꽃	94
담쟁이	95
개나리꽃 사랑	96
감자	97
무화과	98
부레옥잠화	100
눈썹달	101
春蘭	102
탱자꽃	103
애고! 가을이 가네	104
가을 장미	105
12월	106
겨우살이	107
■ 해설 l 박철영(시인·문학평론가)	109

1부

마디

죽순이 대나무가 될 때까지
하늘 높이 자라면서 고비를 넘긴 듯
일정한 간격마다 동그란 마디를 만든다
바람을 견디고, 눈비를 견디는 힘은
촘촘한 마디가 있기에 가능한 일이다
그 마디의 힘이 없었다면
하늘 높이 곧게 뻗은
텅 빈 몸뚱이를 지탱하지 못하고
조그만 바람에도
힘없이 쓰러지고 말았을 것이다

삶의 고비를 건너본 사람은 안다
고비를 넘기듯 몹시 괴롭고
얼굴빛에 검은 그림자가 드리워질 때도 있었을 것이다
고열을 동반한 심한 몸살을 하거나
다른 사람들로부터 깊은 상처를 받아
삶이 무너질 고통이 따르는 아픔을 느끼는 것은
험난한 세상 앞에 기죽지 말고 꿋꿋하게 살아가라고
대나무처럼 우리 몸도 쓰러지지 않게
단단한 마디 하나 만드는 것이다

박물관

사람들이 박물관에 와서 서성인다
천년의 활자가 박힌 항아리를 눈으로 훑고 지나간다
한 권의 책으로도 그들의 문장을 다 읽을 수 없지만
속이 훤히 보이는 꽉 막힌 유리 벽 안으로
사람들은 한 발짝도 들어서지 못하는데
묵은 족자 속 강물이 흐르고
시커먼 글자들이 살아서 튀어 나온다
죽은 자들의 소유물이었던 보물들을 훔쳐 왔거나
심해를 헤엄쳐 왔거나, 깊은 땅속에서 여기까지
오는 동안 수백 년이 걸렸을 것이다
그 억겁의 시간을 생각해 보면 박물관 유리벽으로
스며드는 그들의 그림자는 금방이라도
바삭하게 부서져 버릴 것 같다
우리가 살아가는 길도 저 인고의 세월 건너온 것처럼
사람들마다 가슴속에 바싹 마른 꽃을 걸어두고
깨어진 조각을 맞추듯 빗살무늬토기 같은 수많은
시행착오를 겪은 파문들로 가득한
박물관 하나쯤 지어놓고 사는지도 모를 일이다

엄마 냄새

팔순 넘은 우리 어머니
아침밥 드시다가
옆집 할머니 갑자기
저세상으로 가셨다는 소식 듣고
'아이고 편히 가셨네'
'나도 저렇게
아무런 고통 없이
저세상 가야 할 텐데……' 하신다

나 죽거든
생장하지 말고 화장해서 묻어달란다
세상에 맡지 못할 냄새가
사람 썩는 냄새라고,

지난번 묘사 때
유자 하나 가져와 차 안에 두었다
얼마 되지 않아 유자는
엄마 얼굴처럼 바싹 말라 쪼그라들었다
아득한 시간을 건너온 거뭇한
유자 냄새가 차 안 가득하다

발가락

경상도와 전라도를 잇는 남쪽 바다
물과 물 사이에 모여 있는 섬들은
새벽부터 뱃고동 소리 요란하다
끊임없이 파도를 뒤집으며 바람에 온몸 맡겨두고
갈매기들이 찍어 놓은 발자국들 따라간다

그 섬들 사이에서 삶의 무게를 실은 배들이
끊어질 듯 허리를 부여잡고 쉼 없이 거친 물살 가르는
오밀조밀한 섬들 사이에 꼼지락거리며 사는
사람들과 섬들은 사람 몸으로 치면 발가락이다

정수리에서 가장 먼 그곳
답답하고 낡은 구두 안에서 헤지고 부르튼
발가락들이 허물어지는 줄도 모르고 물질하며
갯가에 앉아 종일 소꿉놀이한다
세발낙지가 빠르게 숨어들 때는
제살이 깎여 손발톱이 자랄 틈도 없다
망둥이들이 파놓은 숨구멍에 뽀글뽀글
밀물이 들어차면 낡은 구두를 벗은
까맣게 그을린 얼굴이 허연 이빨을 드러내고 웃는다

〈

울퉁불퉁한 발가락들이 하나둘
뭍으로 올라와 등짐을 풀면
빨라지는 심장 박동 소리에 연신 혈관은 굵어지고
물차들의 뜨거운 피는 더욱 빠르게 정수리로 향한다

얼굴

하회탈 얼굴에
주름살이 없었더라면
조각 작품이 아니라
못생긴 얼굴에 불과했을 것이다
중년으로 접어든
내 얼굴
세월이 깎고 또 다듬어서 만든
하회탈

선착장 가로등

썰물이 빠져나간
텅 빈 바닷가 선착장에
비가 내리고 있었다
게들이 가끔 갯가에 나와
모래성을 쌓아 올리고
망둥이 한 쌍도 누구 눈치를 보는지
튀어나온 눈알을 이리저리 굴리다가
입맞춤하고 사라져 가면
먼 파도 소리는 아득하기만 하고
우산도 없이 멍하니 거센 비바람에 젖은 가로등
어둑어둑 해가 질 무렵에서야
귓불이 붉은지 희미한 불빛이 켜지고 있었다

장사도 동백

그 섬에는
별이 뜨고
별이 진다
사랑이 깊어지면
마술에 걸린 듯
파란 하늘에서
붉은 옷고름을 추스르다
그만
뚝 떨어뜨린
별 하나

어떤 거리를 유지하든

세상의 모든 것들은 거리가 있다
나무와 꽃 사이에도 일정한 거리가 있고
날아다니는 새들과 잠자리 사이에도,
큰 입을 벌리고 날카로운 이빨로 위협하는
악어와 하마 사이에도 지켜야 할 거리가 있다

사람과 사람 사이에는
시냇물 같은 거리도 있을 것이고
강물 같은 거리도 있고
더 깊은 바닷물 같은 거리도 있을 것이다

어느 거리가 적당하다는 정의는 없다
인연이 닿는 한 그 거리는
좁아졌다 넓어졌다 할 것이고
그 어떤 거리를 유지하든

물총새가 먹이를 잡을 때
물총을 쏘는 거리만큼만 유지하면 된다

소금꽃

파도의 혀는 수천수만 번이나
그의 몸을 핥고 지나갔다
부서지고 사라지고 또다시
일렁이며 살을 쓸어내렸다
힘줄 좋은 사내의 구릿빛 물레질은
뙤약볕에 그을린 땀방울이
밤낮을 가리지 않았으리라
천둥 번개를 맞고 폭풍우도 견뎌내고
하얀 물거품이 덧없다고 사라졌을 그 순간
밤하늘에 별이 무수히 쏟아져 내렸고
몸부림치던 그는 수정체 같은 꽃이 되었다
긴 숨을 몰아쉬던 비릿한 갈증도
아침 식탁 위, 한 사발 담긴 곰국에
소금 한 줌 뿌려 간을 본다
방금 바다를 헤엄쳐 건너온 것처럼
펄펄 끓는 짭짤한 파도 소리가 혀를 감는다
밤새 달구어 내고 허물어진
싱거운 것들에 대한 맹세를 했다

고독한 새벽

어둠이 채 가시지 않은
먼 산허리를 끼고
퇴적층으로 덥힌 안개 자욱한
새벽을 내려다본다
붉은 입술 가진 단풍잎 손끝으로
맑은 이슬이 터지는 것 같다
아무도 걷지 않는 심심한 거리를
눈꺼풀이 희미한 그림자로
길을 오가는 사람들
꺼지지 않은 가로등 불빛마저
삼켜버린 아파트 빌딩 숲
섬 아닌 섬 안에 갇혀
내가 깨어 있음이
오늘 내가 가진 고독인가
큰 입을 벌리고 모래시계 같은
환한 아침이 쏟아져 나온다

어떤 위로慰勞

건강검진을 받으러
병원에 갔다

진맥을 받기 위해
손목시계 줄을 풀어내자
어릴 때 친구와 장난치다
칼에 베여 꿰맨 손목의
섬뜩한 흉터가 들어났다

"간호사님
보이고 싶지 않은 부끄러운
흉터를 보이려니
제 마음이 쑥스럽습니다"

"선생님
제 몸도 벗어보면
상처투성이인걸요"

숯

이미 불타버린 몸을
강철 수세미로
빡빡 문질러 씻어도
씻기지 않았다
씻을수록
더욱 검은 피는 흐르고
기억은 뚜렷하다
나무의 혈관처럼
선연하게 심장에 박힌
내
사랑

다솔사 사리탑

다솔사 대웅전 와불 너머 뒤뜰
둥근 사리탑 하나 우뚝 서 있다
스님의 고독한 목탁 소리
파문을 그리며 하늘에 닿을 때마다
둥근 탑을 쌓는 의식이
은밀히 진행되고 있었다

근심 많은 사람의 기도문이
대웅전 문틈으로 새어나와 돌탑을 돌아 나오면
거칠었던 돌은 깎여 나갔고
부질없이 덕지덕지 붙은 살점이 허물어져
동그랗게 구르다가 오롯이 맨몸이 되었을 때
살과 뼈는 바람 속으로 흩어져 갔다

백팔번뇌 닳고 닳은 무릎뼈는
영혼이 깃든 기도문을 새겨 넣고
푸른 싹이 자라나는 합장한 손끝으로
먼 시선이 머문 그곳에
수천 년 동안 가부좌를 틀고 앉아

아무도 보지 못하는
무한 세상을 내려다보고 있다

균형 잡기

시작점부터 끝 지점까지
평행선을 유지하고 있는
두 갈래로 쭉 뻗은 철길 사이로
코스모스가 줄지어 피어 있다
덜컹거리며 달리는
육중한 기차의 무게를
온몸으로 받아내고도 팽팽한
균형만큼은 조금도 오차가 없다

어릴 때 뛰어놀던 기억으로
기차가 지나간 끝없이 펼쳐진
철로 위를 걸어 보았다
떨어지지 않으려 양팔을 벌려
손끝으로 바람의 무게를 잡고
발가락에 힘을 주어
아슬아슬 비틀거리며
뜨거워진 철길을 걸어 보지만
좀체 균형을 잡을 수 없어
발걸음을 옮길 때마다 파릇한
긴장감이 심장으로 느껴졌다

몇 걸음 가지 않아
떨어지고 다시 떨어지고 했다

어쩌면 우리가 아슬아슬하게
살아가는 좁다란 길처럼

강가에서

강가에 풀어 놓은
아침 안개가 사라지는 것처럼
세월도 빠르게 지나간다

뙤약볕이 쏟아져 내리는 대평들 덕천강 강가에
강아지 눈 같은 개망초꽃이 들판 가득 피었다
강물은 여름 속으로 은물결을 실어 나르고
지나간 시간을 허물고 밀려오는 그리운 사람들이
개망초꽃 향기를 맡으며 길을 걸어간다

나도 그 길을 따라 걸어 보지만
그 사람은 지금 없고 수양버들 가지만
바람에 아련한 추억처럼 흔들거린다
개망초꽃 향기가 물들고 내 짧은 기억이 물들고
해 저무는 노을빛 선한 미소가
내 눈 속에 아련아련 가득하다

봄날 오후

시장 난전 꽃가게 앞에
여자들이 옹기종기 모여 앉아
봄꽃 이야기를 하고 있다
넉살 좋은 꽃집 아저씨
화분 하나 팔아보려
아줌마들 꼬드기는 농담 소리
실눈 같은 오후가
봄볕 아래 나근나근하다

2부

감나무

빈 창가에
마른 낙엽 하나 날아와 앉아 있다
얼굴에는 검버섯이 군데군데 피어 있고
퇴색된 머리는 이미 백발이다

아버지는 몇 달 전 세상을 떠난 옆집
친구의 이름이 기억나지 않는단다
오랜 세월 함께한 친구들의 이름이 가물가물하다
기억나지 않는 이름을 몇 번이나 되뇌이다
허허 이래 살아가 뭐하겠노, 혀를 찬다
흐릿한 눈망울은 마당 가장자리
잎 다 떨어져 버린 감나무 가지 끝에
물끄러미 젖은 시선이 닿아 있다

앙상한 감나무 사이로
해가 진다
빨갛게 익은 노을 한 알 걸려 있다

박태기나무꽃

초등학교 때
박태기란 친구가 있었다
학교 정원 여기저기 키 큰 나뭇가지마다
친구 가슴에 이름표를 단 것처럼
박태기나무라고 이름표를 달고 있어
친구를 놀리기라도 하면
여리고 여린 마음에
눈물이 그렁그렁 고였던 친구

봄비 내리는 날 공원길 지나치는데
박태기나무가 자줏빛 붉은 꽃을
수북이 가슴에 달고 서 있다
꽃잎 끝마다 빗물 방울이 맺혀
어린 친구의 눈망울에 맺혔던
눈물방울처럼 글썽인다

은하수별 무리처럼 반짝이는
자줏빛 박태기나무꽃 아래 다가가

한참 동안 눈을 감고
열두 살 단발머리 소녀를 보았다

이사

아파트 하늘 지붕으로
무지개다리가 걸쳐 있다
그 집에는 아침부터 꽃씨 담는
소리가 분주하게 요란을 떤다
무지개를 타고 내려오는 세간들이
푸른 능선 너머로 날아오른다
밥솥과 양은 냄비도 날고,
선풍기 날개도 신나게 돌아간다
민들레 홀씨 하나가 날개를 펴고
바람에 몸을 맡겨 하늘 높이 날아오르듯
작은 화분들도 꽃잎을 뿌리며 날고 있다
묵은 먼지를 털어낸 커다란 장롱은
범선처럼 하늘을 헤엄치고 있다
그 장롱 안에는 꽃씨가 가득했다

얼룩

어느 할머니가
우체국에 오셨다
곰팡내 풀풀 나는 돈뭉치를
새것과 바꿔 달라 한다
아마도 수십 년 동안
장롱 밑이나 혹은
장판지 밑에 차곡차곡
꽃방석처럼 깔아 두었을 지폐들
굶주림, 헐벗음,
심지어 고단한 눈물까지도
빛바랜 국화잎 같은
세월을 건너왔다
적막한 세월 걷어 낸
할머니 억센 손에 움켜쥔
남루한 치맛자락이
무지갯빛 얼룩으로 깊게 배어 있다

소나기

긴 머리를 풀어 내린 딸아이가
작은 별이 무수히 박힌
시커먼 프라이팬을
가스레인지 위에 올려놓고
흰 쌀밥 한 그릇과
김치와 야채를 송송 썰어
간장, 깨소금, 계란 프라이를
참기름 몇 방울 넣고 달달 볶는다
오랜 가뭄 끝에 뜨겁게 달궈진
프라이팬 위로 요란하게 단비가 내린다
굶주린 채송화, 봉숭아꽃들이
이리저리 고랑을 파고
번갯불에 부딪히는 소리가 나도록
가쁜 숨을 몰아가며
별이 주는 고소한 볶음밥을
맛있게 받아먹는 중이다

장독

노란 국화꽃이 피어 있는 애명요양원
검버섯 핀 하얀 낯빛의 쓸쓸한 노인들이
양지바른 담벼락 은행나무 아래 줄지어 나와 앉아 있다
세월에 떠밀려 말문 닫은 이빨은 듬성듬성 빠지고
금이 간 불룩한 배를 무명천으로 꽁꽁 동여매었다
머리 위에 수북이 떨어진 낙엽을 둘러쓰고
무념의 세월을 건너와 앉아
비스듬히 햇살 비출 때마다
아지랑이처럼 가물가물 풀어진 시선 잃은 눈동자는
금방이라도 가을 햇살에 바스락 깨어질 것 같다

호박꽃

나는 노랗게 물든 가슴 큰
여자를 좋아한다
풍만해서 보기도 좋고 만지면
물컹하고 느껴지는 촉감이
꿀벌들이 모아둔 벌꿀처럼
달콤하게 느껴져서 좋다
엉덩이 펑퍼짐하게 넓은 잎사귀가
그늘이 되어 주고
그 꿀물을 먹고 자란 새끼들을
줄기마다 주렁주렁 키워내는
널브러진 노란 꽃잎 속에는 자식들
똥오줌 다 가려낸 흔적이 보인다
볼품없는 호박꽃도 꽃이냐
비아냥거림도 하지만 결코
못나지 않은 속 깊은 향기를 품은
거친 듯 튼실한 줄기 마디마다 얽힌
사연을 다 읽노라면 텃밭은
온통 물웅덩이를 파고 앉는다

외로워서 꽃은 피고

바람이 분다고 강 물결이
왜 일렁거리는지 모르겠다
강가에 뿌리를 박고 사는 매실나무에
매화꽃이 먼저 피는 것인지,
외로움에 망설이는 사람들은
매화꽃 피는 강가에 와서
소주병을 들이키는 것인지,
강가에 모여 피는 매화꽃이나 사람이나
외로운 건 마찬가지인가 보다
나무는 외로워서 꽃을 피우고
사람들은 외로워서
모래바람 부는 강가에 와서 꽃을 본다

감성돔

어버이날이 지난 지 며칠 되었다
멀리 있는 자식이 그리운 어머니는
아카시아꽃 하얗게 흩날리는 그늘에 앉아서
이제나저제나 아들 소식 있을까
침침한 안경을 닦으며 큰길가에 눈이 닿아 있다
며칠 전 전화로 언제 가겠다는
아들의 안부를 받은 이후 그날이 언제 올까
내내 기다리고 또 기다렸다
아들이 오기로 한 날 아침부터
걷기조차 힘든 구부정한 몸을 이끌고
오일장에 나가 제일 큰 감성돔 한 마리를 사서
내장을 끄집어내고 굵은 소금으로 간을 쳐서
꼬들꼬들하게 말려 두었다
말려 둔 생선을 프라이팬에 노릇하게 구워놓고
파릇한 봄나물을 데쳐 참기름에 무쳐내고
찹쌀을 넣고 고슬고슬 지은 밥 냄새가 풍길 때쯤
아들에게서 갑자기 급한 볼일이 생겨
갈 수 없다는 전화가 왔다
그때까지만 해도 생기 넘치던 어머니는
시든 꽃잎처럼 화색을 잃었다

점심밥을 식탁에 차려놓고 밥술은 뜨지도 못하고
구워둔 생선만 내내 바라보고 계셨다
먹지도 못하고 누렇게 변한 감성돔 눈알이
금방이라도 눈물을 왈칵 쏟아 낼 것 같다

금붕어

거대한 우주공간에서 탈출하려다
작은 물방울 속에 갇혔다
다시 탈출하려 발버둥 쳐보지만
이미 나도 모르는 사이
붉은 청춘의 빛은 퇴색되고
좁은 세상에 적응하고 있었다
어디론가 벗어난다는 것은
새로운 길을 가야 하는 두려움 앞에
자포자기하고 말았다
어제도 오늘도
삶이라는 굴레를 눌러쓰고
입만 뻐금거리고 있을 뿐
눈은 먼 곳을 볼 수 없을 만큼
더욱 흐려져 간다

시래기

오랜 시간이 머물다 갔다
천둥과 비바람이 지나가고
하얀 서리가 내릴 무렵
마지막 생은 어느 집 처마 밑에 널려
느릿해진 햇살 속에
헐벗은 몸이 바싹 조여 올 때까지
푸르른 물기를 쏟아 냈다

부엌 냄비에서 보글보글
시래깃국 끓는 냄새가 구수하다
인고의 세월을 건너온
자기 몸과 마음을
뜨거운 물에 오롯이 우려내는 중이다

내 생 어느 때인가
바싹 마른날이 왔을 무렵
뉘 집 담벼락에 걸려
나도 입맛에 착착 달라붙는
구수한 시래기로 남았음 싶다

찔레꽃

하얀 꽃잎이 온 하늘을
떠받치고 피어 있는 여린 꽃은
그 어떤 두려움도 없다
작열하는 뜨거운 태양 앞에도
맨살을 다 드러내놓고
당당하게 버티고 피어 있는
순수한 꽃을 보고 있으니
가시덤불 같은 세상 앞에
내 청춘 어느 날
저리 당당했던 적이 있었나 싶다

새소리

새벽녘 잠결에 새들이
지저귀는 소리가 들린다
밥 먹자고 아이들 부르는
소리 같기도 하고
갓 시집온 새댁이
달콤한 목소리로
새신랑 깨우는 소리 같기도 하다
열린 창가로 귀를 기울여 본다
멀리서 아득하게 들려오는
자귀나무꽃 가지 흔드는
저 사랑의 언어들

괭이

느티나무 괭이자루가 시커멓게 멍들어
밭 가장자리에 비스듬히 기대어 앉아 있다
넓적한 쇠 날은 반쯤 닳고 삭아서
더 이상 밭을 일구지 못할 것 같다
우리 아버지가 사용하다 농사일 손 놓으시고
아무렇게 내팽개쳐 둔 괭이다

고추밭 고랑
무밭 고랑
배추밭 고랑
부지런히 일구고 다녔는데 이제 힘에 부치는 모양이다

괭이 날 심장은 누가 다 갈아 먹었는지
기억 저편 시퍼렇게 피가 돌던 날카로움도 문드러져 없어지고
되돌아올 수 없는 길 앞에 멍하니 하늘을 올려다보며 이제
근육질은 다 빠지고 허물어져 버린 비쩍 마른 몸을
그저 지나는 바람에 맡겨두었나 보다

맨발 자국 꾹꾹 박힌 흙무덤 가에

씨를 뿌리지도 않았는데 아무렇게 자란 호박넝쿨이
초라한 괭이 작대기에 몸을 감고 올라와
마디마다 노란 수꽃들이 듬성듬성 덧없이 피어 있다
더 이상 갈 곳 없는 길 어디로 가려는지
줄기 더듬이가 잡초 무성한 밭이랑을 지나 허공을 헤집으며
뚜벅뚜벅 내 앞으로 걸어 나온다

꽃잎이 흔들리는 이유는 뭘까

흐드러지게 온 들판을 뒤덮고
피어 있는 저 풀꽃들은
무슨 고민을 하며 피어 있을까

구름은 어디로 흘러갈까
마른 가슴에 비는 언제 올까
오늘은 햇볕이 얼마나 뜨거울까
꽃잎이 질 땐 또 어디로 날아가야 하나
그런 잡다한 고민을 하고 있을까

매일 숨 가쁘게 살아가는 일이
그냥 일생일진대 꽃은 시들었다 피어나고
누가 와서 밟으면 허리가 꺾인 채로
아무 고민도 없는 듯 또 꽃이 핀다

누구를 좋아하고 사랑하면 서툴지 않게
당당히 그렇다고 말할 수 있을까

곁에서 피어 하늘거리는 작은 풀꽃에게
손 한번 내밀지 못하는 마음은 진심일까

〈
바람이 불 때 말할까 말까 하면서
입술 꼭 다문 꽃잎이 흔들리는 이유는 뭘까

말해도 될까 자꾸 고민은 깊어 가고
풀꽃은 그 마음 아는지 모르는지
해맑은 웃음만 던지고 있네

눈 내리던 날

가던 길 멈추고 진양호 호숫가에 서서
서쪽으로 시꺼먼 하늘을 본다
지리산 천왕봉에 눈이 오는가 보다
골 깊은 계곡 흐르던 물길도
잠시 멈추고 눈 속에 잠겨 있으리라
까마득한 하늘에서 깃털보다 가벼운
눈꽃들이 나풀나풀 날아와
내 가슴 위에 앉는다
가만 보니 눈만 날려 오는 것이 아니다
첫사랑 그 소녀도 날아오고
오래전 첫눈 내리던 날 약속은 깨어지고
홀로 쓸쓸히
촉석루 돌담길을 걸었던
아련한 추억들이
펑펑 쏟아져 내린다

매미 소리

소프라노 조수미보다
더 높은 옥타브로
목청이 터져라 소리 지르는 매미는
결코 즐거워 부르는 노랫소리는 아닐 것이다
불러도 대답 없는 짝사랑을 하거나
가는 귀를 가진 상대를
연모하고 있는지도 모른다
사랑의 절규란 저런 것일까
영혼의 소리처럼 사랑을 갈구하는
목젖이 젖은 뜨거운 소리다
한낮이건 한밤중이건
빛이 보이는 곳이라면 죽는 날까지
나무목에 매달려 애절하게
고해성사하고 있다

3부

유등

먼 길을 나선다
어디가 종착점인지도 모른 채
소망등 하나 밝혀
남강 물길에 몸을 맡기고
달빛이 한가로이 하늘을 유영하는 사이
꿈인 양 희망인 양 출렁출렁 흘러간다
가을바람에 지친 몸을 뉘고
목덜미에 물이 가득 차오르는
젖은 시간들이 지나간다
나이 많은 사람은 두 손 모아 기도를 올리고
젊은 연인들은 서로를 부둥켜안고
마음속 다짐하며 맹세를 한다
낡고 허물해진 모든 것들이
일제히 강물에 씻기어지고
어디 먼 곳 바다 끝이라도 가서
당신이 내 안식처가 되는
낯설지 않은 빛이 되길 소망한다

백 년 후의 약속

딸아이와 들길을 걷고 있었다
한해살이풀꽃들이 들판 가득 피어 있다
뜨거운 햇살에 반짝이는 꽃잎들이
나풀거리며 하늘을 오르고
새순이 자랄 때마다 또 여린 꽃이 핀다

"슬기야
저 꽃들이 백 년 후에도 그 자리에 피고 있을까?
응 피고 있겠지……
아빠
우리 그때도 만나
백 년 후에도"

무심히 뱉었을 말이 못 미더워
정말이지? 진짜지? 약속한 거지? 몇 번을 되묻는다
나이가 들면 그런 것일까
잘 잊어버리고 생각이 좁아지고
거울을 보듯 나만 바라보게 되는 것이

낯선 길을 가듯 조심스런 발걸음으로

먼지가 나풀거리는 햇살 속으로 나를 밀어 넣고
한없이 붉어진 얼굴이 그 뜨거운 말 한마디에
각 얼음 같았던 순진한 고집은 녹아내리고
두꺼운 굴참나무 껍질 속에
백 년 후 약속을 다짐하듯 새겨둔다

봄날의 왈츠

100년쯤 된 늙은 벚나무에 꽃이 피었다
반쯤 뭉그러진 몸통에 듬성듬성 꽃들이
불그스름한 얼굴로 피어난다
활짝 핀 하얀 벚꽃 속에 노래가 있다면
아마 쇼팽의 왈츠쯤 되지 않을까
잔가지가 느릿한 바람에 리듬을 맞추고
꽃잎은 왈츠를 추며
하늘 높이 치솟았다가 뱅그르르 돌다
사뿐히 발걸음을 내려놓는다

우리 엄마 젊어 한창인 시절에는
사는 일에 쫓겨 꽃 좋은 줄 몰랐을 텐데
꽃그늘 아래 청춘 남녀가 와서
스마트폰으로 연신 사진을 찍어대는 통에
"아이고, 참 좋은 시절이 왔네
저 하얀 꽃 좀 봐 눈이 다 부시네"
눈물이 그렁그렁해진 희미한 기억들 저편에서
나풀거리며 날아온 꽃잎 하나 매만져 본다

이제 늙어 바싹 마른 고목이 되어 지팡이 없이는

몸도 제대로 가누지 못하는 엄마 허리를 잡고
한 손은 손 가락지를 끼고 봄볕 아래
꽃눈 내리는 길을 따라 하나둘 발걸음을 옮기며
나와 엄마는 왈츠를 춘다

치매

하늘이 바다처럼 파랗게 펼쳐진
꽃샘바람 심하게 부는 날이다
남해수산 수족관 실은 트럭 앞머리에
뜰채그물망을 머리핀처럼 꽂고
2번 국도를 질주하고 있다
삼각뿔 모양 그물망이 바람에 쏠려
붕장어 긴 꼬리처럼 팔딱거리며
커다란 아귀 입을 벌리고 앞서가는 차들을
도다리 건져 올리듯 한 대 한 대 집어삼키고 있다
그물에 걸렸다 빠져나온 자동차들은 엉거주춤
씁쓸한 굉음 속에 비릿한 냄새를 풍기며
아스팔트 위에 파닥거린다
부서진 바람이 흔적 없이 빠져나가는 순간
그물에 걸리는 것은 아무것도 없는 하늘이다
더 빠르게 달려 바람을 잡아보려
요리조리 아무리 애 써보지만 소용이 없다
병석에 누워계신 어머니
허공으로 허우적이는 힘없는 손처럼
바다를 건져 올렸던 잃어버린 기억들만
저 그물 속에 걸려 퍼덕이고 있다

맨드라미꽃

한밤중까지 땀을 뻘뻘 흘리며
테니스를 하고 찬물에 땀을 씻어낸 후
집으로 돌아오는 길이었다
불 꺼진 테니스장 하늘 허공에
둥근 보름달이 떴다
가로등 불빛도 여윈 몸을 겨우 가누고
시끌벅적하던 사람들은 모두
둥근 달빛 속으로 사라져 가고 없었다
외로움에 떠는 풀벌레 소리만
모래알 굴러다니는 공허함으로 몰려온다
숨 가쁘게 열기를 토하는 끈적한 바람은
대숲으로 술렁이는 쓸쓸한 속삭임이
익숙한 듯 달빛에 온몸을 드러낸다
촘촘하게 박힌 씨앗을 뿌리며 날아다니는
벌거벗은 붉은 맨드라미꽃
달빛을 갉아 먹으며 칼칼한
목구멍 속으로 그림자처럼 따라왔다

눈꽃 편지

내가 잠든 사이
지리산 골짜기 너머로
함박눈이
펑펑 휘몰아 왔다
순백의 백지 위에
손가락 호호 불어가며 쓴
연애편지처럼
말하고 싶은 사연은
깊은 밤 흰 눈으로
나뭇가지에 적어두고
나는 고요히 잠들어 꿈을 꾸다가
새벽녘에서야
그 순수한 편지를 받았다

봄 오는 소리

참새 한 쌍이
살구 나뭇가지에
날아와서
햇살을 쪼아대며
꽃잎을 깨운다

꽁꽁 얼어붙은
파란 창공이
깨어지는 소리
참
맑다

구름

파란 하늘 드문드문
길게 늘어선 구름들이
어디로 가고 있는 것일까
작은 섬이었다가
더 넓은 바다였다가
바람 따라 출렁대며 흩어지고
다시 서로를 끌어안고
흩어짐이 거듭될수록
희미해져 가는 기억들이
아슴푸레하게 사라질 때
나는
그대 머물게 하는
높다란 산이 되고 싶다

동그라미

지구가 둥글다는 것을 알았을 때부터
나무도 동그란 나이테를 만들면서
수천 년 동안 키가 자라고
붉어지는 사과도 동그란 열매 속에
단맛을 차곡차곡 채우고 있다

호수에 떨어지는 빗방울이
동그라미를 그리며 물과 하나가 되고
나는 커피를 마시면서
숟가락으로 원을 그리며 젓다가
동그랗게 오므린 뜨거운 입술과 하나가 된다

세상의 꽃들이 둥글게 피어
향기는 둥근 허공으로 퍼져 나가고
나는 하루 종일
쳇바퀴 속 다람쥐처럼 뱅글뱅글
동그라미만 그리고 산다

비보호

차를 몰고 길을 나서면 언제나
왼쪽으로 가는 길을 만난다
공중에 뜬 붉은 경고신호등 불빛은
당신을 보호해줄 수 없으니 알아서
가라며 커다란 두 눈을 깜빡이고 있다
그 무시무시한 눈길 앞에서
슬금슬금 기어가다
굽어진 화살표 지시대로 눈치를 살피다가
아무도 없는 그 순간 잽싸게 좌회전한다
나를 보호해줄 누구도, 아무것도 없는
오른쪽으로 가면 언제든,
아무 때나 갈 수 있었지만
나는 자꾸 왼쪽으로 가고 싶어 한다
내가 결혼할 때
아내가
왼쪽에 서 있었기 때문일 것이다

가을 미용실

새벽부터 종일 내리는
가랑비 꼬리가 길다
쓸쓸한 우산들이
어둠을 밟고 지나간다
이런 날은 가던 길 멈추고
빗물에 젖은 단풍나무
네온사인 아래 웅크리고 앉아
거추장스럽게 치렁치렁 내리는
기다란 빗줄기를
어느 미용사 고운 손길에 맡겨
염색하거나
파마머리로 말아 올리거나
싹둑싹둑 잘라 내고 싶다

낙엽들의 시위

어젯밤 밤새도록
폭풍우 몰아치는 소리 들리더니
양지바른 우체국 정문 앞으로
지난 가을 떨어진 낙엽들이 우르르 몰려와서
빨간 우체통 주위를 맴돌며 시위한다
웅성대는 소리에 대빗자루를 들고 나가 보니
어느 누구에게 안부조차 물어보지 못한
어깨가 축 처진 남루한 낙엽들이다
그들의 사연을 하나하나 받아 적었다가
오늘은 먼 곳 그대에게
붉은 낙엽으로
편지 한 장 부치고 싶다

리기다소나무

호숫가 노을 앞에
키 큰 리기다소나무는
그리움을 안고 산다

뜨거운 맨땅 밖으로
불거져 나온 굵은 발가락은
긴 그림자를 밟고 서서
노을 진 호수를 바라보고 있다
지친 듯 숨을 헐떡이는
사랑의 맹세 같은 대지의
뜨거운 호흡 소리가
나를 끌어안을 때

나도 나무 옆에 서서
뜨거운 입김을 토하며 한 그루
키 큰 리기다소나무가 된다

노고단에서

지리산 노고단 꼭대기에 올라 보니
하늘은 가까우나 햇살은 옅고
민둥산으로 부는 거친 높새바람 앞에
나뭇잎이 죄다 떨어지고 쓸려갔다
아직도 더 쓸고 갈 무엇이 남았는지
땅바닥에 풀잎들은 일제히 엎드리고
나의 발걸음도 비츨 거렸다
이제 막 떨어진 마지막 낙엽이
얼굴을 때리고 지나간다 아프다
구름 한 점 없는 텅 빈 하늘을 쳐다본다
그동안 멋모르고 깝죽거리며 살아 온
뒤안길이 떨어진 낙엽처럼 쓸려간다
산다는 것이 때로는 힘에 부칠 때가 있어
휘청거리며 버티고 가야 한다면
나도 땅바닥에 바싹 엎드려
마지막 남은 낙엽조차 다 털어내고 싶다
힘겨움을 한 발 한 발 견디며 오른
관절들의 신음을 들으며
된비알 길 뒤로한 채 바라보는

희뿌연 연무 속 겹겹이 솟은
수척해진 능선들이 아득히 멀다

찻사발

그와 내가
마주한 지 30여 년 되었나 싶다
처음 내게 왔을 때 나는
너의 전부를 알지 못했던 것 같다
단지 눈에 보이는 만큼 투박한
그저 찻물 정도 담을 수 있는
그릇이겠거니 했다
손때가 묻어갈수록
노을빛으로 채색된 몸짓을 하며
누구도 그려낼 수 없는 곡선과 무늬들이
고요한 시간 속에 꽃처럼 피어났다
뜨거운 찻물 부었을 때
세월의 흔적 묻은 고뇌들이
그의 온몸으로 뜨거워져
녹아내리기도 하고,
때로는 찻물이 식어
아무 말 없이 마주 앉아
침묵이 흐르는 날이면
이따금 마른 낙엽 우려낸 쓸쓸함이

우수수 쏟아져 내리기도 하는
그대

뭐가 그리 좋은지

지리산 계곡 아랫마을 인월
눈발 날리는 날 오일장이 섰다
설 대목 앞둔 장바닥 가장자리
푸줏간 앞에 사람들이 왁자지껄 붐빈다
무슨 경사인가 싶어 나도
사람들 틈 사이 기웃거려 본다
소 한 마리 웃고 있다
웃어도 그냥 웃는 것이 아니다
몸뚱이는 전부 해체되어
허름한 빨래처럼 주렁주렁 널려 있다
머리 따로 갈비뼈 따로
간, 쓸개도 다 빼내어 버리고
앞다리 뒷다리 할 것 없이
꽁지 털 뽑히지 않은 꼬리까지
핏기 가시지 않은 뼈를 허옇게 드러내고
근심 많은 사람들 기웃거릴 때마다
뭐가 그리 좋은지
사락사락 내리는 눈꽃을 녹이며
소 한 마리 허허 웃고 있다

다시 시작한다는 것은

꽃샘바람 심하게 부는 날
몸통이 반쯤 썩은 매실나무 가지 끝에
아직은 살아 있다고 피어난 매화꽃
하얀 눈까풀이 새봄 앞에 파르르 떨고 있다

무엇을 다시 시작한다는 것은
나이가 들수록 설렘보다
두려움이 먼저 찾아온다
애써 아닌 척, 강인한 척해보지만
어떤 새로움 앞에 선다는 것은

이제 막 엄마 손 놓고
초등학교 입학한 딸아이가
눈물 글썽거리며
서투른 교가를 따라 부르는 것처럼 낯설다

4부

돼지감자꽃

사람이 사람 곁에 머물다
그 사람의 빛깔에
물드는 것처럼
빗물이 꽃잎 끝에 머물다
노랗게 물들었다

꽃잎 끝에 남은
젖은 입술들이 미련 없이
뜨거운 햇살 속으로 사라질 때
보내고
보내는 마음
숯불에 올려진 돼지 껍데기처럼
안절부절못하는
저 꽃 좀 봐

수선화

자장면 한 그릇 시켜 놓고
나무 그늘 밑에서 자란
노란 수선화를 바라본다

몇 날 며칠 새벽어둠 속에서
오므렸던 꽃등 하나
늦잠으로 부스스한 눈을 씻고
기지개를 켜고 앉아 꽃주머니에
감추었던 향기를 품어내고 있다

저 꽃도 누구를 기다리는 것일까
푹 퍼진 자장면 같은 하루가
꽃등을 스치고 지날 때마다
꽃잎은 남루해져 갔지만
그래도 그 향기만은 잃지 않으려
쓰러질 듯 흔들거리며 웃고 있다

대성반점 오토바이가 부르릉거리며
고단한 오후 시간을 뚫고 지나간다
불어 터진 자장면을 순식간에 빨아 넘긴

햇살은 조물딱거린 입술에 지쳐
노랗게 물든 단무지를 삼키듯
풀어진 눈까풀 사이로 하루가
수선화 꽃잎 속에 돌돌 말려 있다

모란

창호지에 먹물 한 방울
떨어트려 놓은 듯
봄볕 스며드는 담장 아래
모란꽃이 피고 있다

모란꽃이 흐드러지게 피던
그 어느 봄날 시골에서
어머니가 조목조목 만든 반찬거리를
모란꽃무늬가 수놓아진 보자기에 싸서
머리에 이고 양손에 들고 와서
부산 동상동 비탈진 언덕 모퉁이
판잣집 자취방에
꽃잎처럼 가득 풀어내자 불그스레한 꽃가루가
작은 방 안 가득 쏟아져 내렸고
어린양 같은 내 눈가에 꽃물이
주르륵 흘러내렸었다

모란꽃이 지던 그때
당신은 봄나들이 가시듯 먼 곳 가시고

그 넓은 모란꽃 이파리들이 담벼락에 기대어
봄바람에 힘없이 흩날리고 있다

초롱꽃

초롱꽃 하나가
어둠을 밝히고 있다
어두워져 가는
해거름 앞에 내가
서성이고 있다
산다는 것이
꿈속은 아닐까
헤맬 때
너의 눈은
나를 밝히며
초롱초롱 빛나고 있구나

담쟁이

기어오르기만 하던
담쟁이넝쿨이
오르기만 해서 미안했었나
가을이 되자 얼굴이 붉어졌다
바람 불어와 낙엽은
어디론가 쓸려가고
바싹 엎드린 잔뿌리들만 서로
담벼락을 더 강하게 움켜쥐고 있다
그때 서야 험한 세상 앞에
헐벗은 몸은 드러나고
우리가 살아가는 일상처럼
거칠게 걸어간 길이 보인다

개나리꽃 사랑

나는 개나리꽃을 그다지 좋아하지 않았다
한겨울에도 햇살 좋은 양지바른 곳 둥글게 앉아
시도 때도 없이 노란 꽃을 피우는
지조 없는 꽃이라 생각했기 때문이다
지금 생각해보니 완전히 나의 오판이었다

사람이 좋으면 잠시 머물렀다 떠나는 사람도
되돌아보게 되고 자꾸만 그 곁에 머물고 싶어
기웃기웃 귀를 세우고 입술을 열게 마련이다
내가 춥고 외로울 때 누가 내 곁에 와서
개나리꽃처럼 위로해주고
시린 어깨를 다독여 주는 이가 있겠는가

한겨울 눈 속에 피어 있는 저 노란 개나리꽃처럼
자신의 상처는 아랑곳하지 않으면서
꽃 피우고 심심하지 않게 말 걸어주는
개나리꽃 같은 사랑 배워야 한다고
지팡이 없이는 걷지도 못하는 구순 노모가
두꺼운 안경 너머로 칠순 넘은 큰아들 바라보는
흐릿한 눈 속에 핀 개나리꽃이 슬프다

감자

비쩍 말라 비뚤어진
둥근 알맹이 속에는
우리가 알지 못하는 생명이
침묵으로 꿈을 꾸고
긴 겨울을 나고 있었나 보다

노모 얼굴 같은
곰팡내 나는 쭈글쭈글한
감자 한 알 속에서
시간과 공간을 뛰어넘고
양지바른 곳에서
고요히 눈을 뜨고 깨어난다

봄이 오기 전에는
아무도 몰랐을 것이다
그가 죽었는지 살았는지

무화과

너에게는
꽃이 없는 줄만 알았다

너의 진심을 못 보고
무덤덤하게 산 것은
살아가는 일이 다 그렇듯
주름진 얼굴 발갛게
익어가는 줄도 모르고
날 위로해주는
뭉근한 사랑에 익숙해져 있었다

너는 늘 바쁘고 힘들게
종종걸음으로 살아가는 길이
좀처럼 깨지지 않을 호두알처럼
푸르고 단단한 줄만 알았고

너의 심장 깊은 곳에
아픔을 숨긴 꽃이
빼곡하게 피고 있다는 사실을

네 가슴이 물러지고
허물어진 뒤에야 알았다

부레옥잠화

개구리 울음소리처럼
슬픈 목을 가진 꽃이다
하늘을 날고 싶었을까
바다를 헤엄치고 싶었을까

풍선처럼 부풀어 올려 삐걱삐걱
노를 저어 세상을 떠돌고 있다

정착하지 못하는 유랑민 같기도 하고
물에 비친 뜬구름을 쫓아서
부처손 닮은 연보랏빛 꽃을 피워내는
비구니 스님의 가녀린 목소리 같은 꽃

작은 웅덩이에 개구리들이
옥잠화처럼 울고 있다

눈썹달

수능 끝난 딸아이가
엄마와 미용실 다녀온 후
얼굴에 그려진 눈썹처럼
설레다가
부끄러워하다
바람 불면 훅 날아갈까 봐
까만 숲으로
쏜살같이 숨어드는
수줍은 그녀

春蘭

햇살이 살금살금
온순한 고양이 발걸음으로
창을 넘어 들어온다
모른 척 무관심한 듯
물 한번 제대로 주지 못한
춘란 화분에서 어느새
꽃대를 올리고 꽃이 핀다
늘 그랬던 것처럼 변함없이
칼바람 한 줌 견디고
고드름 같은 눈물 한 방울 견디며
갓 시집간 새색시처럼 혹한 속에
긴 혀는 갇혀 있었나 보다
꽃향기에 취한 바람도
순한 아기의 미소처럼 넘나들고
혀를 내민 꽃잎 끝에 머무른
돼지꼬리같이 뭉텅한 봄볕이
졸린 눈가에 수줍은 분내가 난다

탱자꽃

꽃이 되리라
햇살 하얗게 비벼대는
꽃이 되리라 싶었다
꽃이 되기까지
울타리 너머 오월의 햇살은 넘실거리고
뾰족한 가시들 부딪힐 때마다
가슴은 까칠한 어둠으로 멍들어 갔다
누가 꽃이라 봐 주기라도 할까
하얗게 더욱 하얗게
가시덤불에 찔려가며
사는 것이 일생인 것을
햇볕이 뜨거워질 때마다
단단한 가시는 더욱 날카롭게
창공을 찌르고 있다

애고! 가을이 가네

노랗게 떨어진 낙엽 위로
가을비 소리 없이 내리는데
키 큰 은행나무 아래
말없이 서성이는 사람 있네
그는 걷지 않아도
낙엽 밟는 발걸음 소리 들리네
누가 오는가 귀 기울여 봐도
찾아오는 이 아무도 없고
세찬 비바람만 가슴을 치네
낙엽을 밟던 빗방울도
한참 동안 그를 맴돌다 돌아가고
텅 빈 여백 위에 우뚝하니
홀로 서 있는데
애고! 가을은 가고 있네

가을 장미

철 지나 피는 꽃은
그다지 볼품은 없지만
볼에 붉게 물들인
내 누님 얼굴만큼
목이 긴 꽃등을 밀어 올려
파란 가을 하늘에 걸어 두었다
분홍빛 엷은 화장을 하고
향수를 칙칙 뿌리고
청바지에 셔츠를 입은
수수하게 멋을 부린 누님이
가을볕에 길을 나선다

12월

간신히 매달렸던 나뭇잎들이
한차례 거친 회오리바람이 불어닥치자
새 떼처럼 하늘로 솟구쳐 오른다
갈 곳 잃은 바싹 마른 낙엽들은 촛불을 들고
큰길로 쏟아져 나와 웅성거리며 서성이고 있다
쏜살같이 달리는 자동차가 바람을 가르고 지날 때마다
붉어진 엉덩이를 치켜들고 파닥거리는 죽방멸치 떼처럼
자동차 꽁무니를 따라 거대한 소용돌이를 일으키며
한 해의 끝자락을 쫓아 새로운 해를 맞으러
끈 떨어진 낙엽들은
도시의 빌딩 숲 사이 골목까지 우르르 몰려가고 있다
벽에 바싹 달라붙어 탄핵당한
마지막 달력 한 장이 고독한 12월이여!

겨우살이

옹기종기 모여 사는
달동네 아래로
옅은 안개가 자욱하다
뜨거운 햇살이
양철지붕을 녹이고
겨우겨우 살아가는
겨우살이들이 외로워서
하늘에 닿을 듯
키 큰 나뭇가지에
둥지처럼 모여 산다

■□ 해설

누구도 말해줄 수 없는 자전적인 시편들

박철영(시인 · 문학평론가)

　탄핵이 옳다 그르다면서 세상이 온통 소란스럽다. 하지만 바랄 것 없는 현실에서 희망이라는 해는 여지없이 동쪽에서 떠올라 눈부시게 우리 앞에 펼쳐진다. 그렇게 새로움으로 다가온 세상은 거저 하늘에서 뚝 떨어진 것이 아니다. 날벼락 치는 뇌성도 다 이유가 있고 땅으로 곤두박질치듯 떨어지는 사과 한 알에도 그럴만한 이유가 있었다. 다섯 손가락이 모여 손바닥을 이루듯 우리를 이루고 있는 것들 모두 아무렇게나 형상을 가진 것은 없다. 최근에 받아본 곽문호 시인의 시편들을 보며 그 나름의 깊은 사유가 천금 같은 시간으로 충만해지고 있음을 느꼈다. 육십 너머까지 고뇌했을 시간과 세세한 삶의 목록들을 챙기면서 무표정한 듯 속내를 숨긴 채 세상을 바라보고 있다. 그 누구도 곽문호 시인이 살아온 체험의 시간을 대신해 줄 수 없음을 알고 있기에 스스로 발설할 수밖에 없다.

그것은 삿된 마음 없이 진정한 마음으로 살아온 시간을 정리하고 앞으로 다가올 미래를 맞이하겠다는 단호함이 엿보인다. 그렇기에 치기 어린 문장이 아니라 자신을 엄중하게 되돌아보고 세상을 살피겠다는 의지의 피력으로 보았다. 긴 세월 동안 질기도록 물고 놓지 않은 시(詩)를 견디느라 참으로 고통스러웠을 것이다. 그 오랜 시업의 고통에서 겨우 빠져나올 수 있었던 빌미가 금번에 내민 시집 묶음이 아니었을까? 그렇기에 그 과정을 잘 알고 있는 문우로서 깊은 이해와 애틋한 마음을 전할 수밖에 없다.

2000년 '숲속시'로 만나기 전부터 함께 하였기에 돌아보면 흘러간 세월이 25년이 지났다. 여전히 당시의 마음처럼 본색을 애써 감춰오다 어렵사리 시편들을 세상에 내보인 것이다. 시 속에 고스란히 담겨있는 삶의 서사들이 작지 않은 파문으로 우리에게 다가올 것이라는 예감은 당연지사다. 인생사를 관통해 온 시간들이 굵은 마디처럼 단단해져 세월의 실체를 명료하게 드러내고 있다. 가장 도드라진 것의 하나는 살아온 시간에 충실한 만큼 진정성이 깃든 시의 문장들이 순정하다는 데 있다. 시를 인위적으로 수사화하지 않았고 시가 상상해야 할 세계가 어디까지인가를 잘 보여주고 있다. 시가 지녀야 할 정서의 높낮이에 구애받지 않고 생애 절절한 서사에 진솔해져 공감은 크게 다가왔다.

> 삶의 고비를 건너본 사람은 안다
> 고비를 넘기듯 몹시 괴롭고
> 얼굴빛에 검은 그림자가 드리워질 때도 있었을 것이다
> 고열을 동반한 심한 몸살을 하거나
> 다른 사람들로부터 깊은 상처를 받아
> 삶이 무너질 고통이 따르는 아픔을 느끼는 것은
> 험난한 세상 앞에 기죽지 말고 꿋꿋하게 살아가라고
> 대나무처럼 우리 몸도 쓰러지지 않게
> 단단한 마디 하나를 만드는 것이다
>
> 　　　　　　　　　　　　　　- 「마디」 부분

자연은 말이 없어도 생장해야 할 시기를 용케도 알아 푸른 잎을 내밀며 굳게 닫힌 움을 틔운다. 만물의 생동을 보며 사람들은 꿈과 희망을 품게 된다. 화자가 응시하고 있는 대나무를 보자. 그 생의 험난한 고비마다 툭툭 매듭을 짓고 외길 같은 하

늘만을 향해 나아간다. "죽순이 대나무가 될 때까지/ 하늘 높이 자라면서 고비를 넘긴 듯/ 일정한 간격마다 동그란 마디를 만든다"며 일념에 찬 대나무는 좌우를 돌아보지 않고 위로 위로 거침이 없다. 그래서 옛 선비들은 대나무를 절의를 지킨 기개로 표상하기도 하였다. 하지만 화자가 삶에서 비유한 대나무의 '마디'란 의미망은 그렇게 단순하지가 않다. 속도를 따를 수 없을 정도로 급변해 가는 사회 환경을 살아가며 스스로 견고해져야 살아남을 수 있는 현대인들의 모습과 흡사하기 때문이다. 사물성을 통해 내면의 사유를 표상한다는 것 자체가 쉽지 않은 자기애의 발현이다. 화자는 연약한 죽순에서 단단한 대나무로 성장해 가는 과정을 눈여겨 본 것이다. 그 안에서 우리가 쉽게 보아 넘길 수 있는 일반적인 식물성을 뛰어넘는 생의 반전을 발견한다. 그것의 궁극은 힘들 때마다 더는 쓰러지지 않으려는 단단한 결기를 다짐하는 버팀대인 셈이다. "삶의 고비를 건너본 사람은" 그 '마디'가 갖는 의미를 위기를 극복하려 한 의지로 인식할 것이다. 사람도 살며 위태로운 고비가 있다 그 시기를 잘 넘기면서 다시는 쓰러지지 않겠다는 각오를 하게 된다. 대나무의 '마디'도 그런 의미로 다가왔다.

경상도와 전라도를 잇는 남쪽바다

물과 물 사이에 있는 모여 있는 섬들은

새벽부터 뱃고동 소리 요란하다

끊임없이 파도를 뒤집으며 바람에 온몸 맡겨두고

갈매기들이 찍어 놓은 발자국들 따라간다

그 섬들 사이에서 삶의 무게를 실은 배들이

끊어질 듯 허리를 부여잡고 쉼 없이 거친 물살 가르는

오밀조밀한 섬들 사이에 꼼지락거리며 사는

사람들과 섬들은 사람 몸으로 치면 발가락이다

- 「발가락」 부분

"경상도와 전라도를 잇는 남쪽바다/ 물과 물 사이에 모여 있는 섬들은/ 새벽부터 뱃고동 소리 요란하다"라며 화자는 경상도와 전라도라는 두 지점의 경계가 무용해지고 기어이 바다에서 만나 하나가 된 남쪽 바다를 바라보고 있다. 그 자체가 지역적인 대립각을 완화하면서 여기저기 들어선 섬들이 발가락처럼 오밀조밀 펼쳐진다는 문장이 눈길을 잡아끌었다. 아무나 발화할 수 없는 시적 상상력이 발동하고 있음을 알 수 있다. 인체 구조상 가장 아래에서 궂은 일을 마다하지 않고 발을 떠받치는 발가락이다. 그 발가락이 화자의 마음이 이끄는 대로 일부에서 전라도와 경상도를 가르는 성향과는 바다에서 하나의 발가락으로 섬들이 형상화된 것이다. 화자는 남해안의 풍경을 이루고 있는 섬들마저 신체의 부분으로 친다면 발가락이란 상상도 기발하거니와 고기잡이를 나간 배들이 그 사이로 들고 나는 것을 유별하게 바라본 것이다. 그 물길을 따라 들어온 배가 부려놓은 싱싱한 생선을 활어차에 실어 도시로 팔려 가는 광경을 시적인 문장으로 풀어낸 것 같다.

결국은 우리가 먹고 있는 생선들은 화자가 상상하고 있는 발가락 틈을 기어 올라온 셈이다. 부단히 물길 따라 드나들던 어부들의 뱃길인 셈으로 "울퉁불퉁한 발가락들이 하나둘/ 뭍으로 올라와 등짐을 풀면/ 빨라지는 심장 박동 소리에 연신 혈관은 굵어지고/ 물차들의 뜨거운 피는 더욱 빠르게 정수리로 향한다"라며 활기찬 섬들과 포구를 그려내고 있다. 그토록 열정을 다해 살아가는 포구의 사람들도 간혹 가슴속에서 빨갛게 달아오른 시간들이 뭉툭 뭉툭 솟구칠 것이다.

"그 섬에는/ 별이 뜨고/ 별이 진다/ 사랑이 깊어지면/ 마술에 걸린 듯/ 파란 하늘에서/ 붉은 옷고름을 추스르다/ 그만/ 뚝 떨어뜨린/ 별 하나"(「장사도 동백」)가 몽글몽글 꽃봉오리를 터뜨리고 있다. 그 붉은 동백은 쉽게 누구에게나 다가오는 마음이 아니라 인연이란 긴 시간을 경유해 당도한 화신이다. '당신'

이 오는 그 순간을 기다리며 지상의 꽃으로 내려앉은 '별 하나'가 생애 딱 한 번의 첫사랑처럼 동백꽃이 피고 진다. 아직도 지긋한 나이를 뛰어넘어 심상 속 비밀 같은 사랑이 몽글거린다면 그 또한 행복이다.

나이도 지긋해져 예전처럼 뜨겁게 불타오를 일도 없겠지만, 어찌하겠는가? 시시때때로 밀려오는 유정한 마음을 잊지 못해 그리움처럼 밀려오는 것이라면 그것 또한 소중한 추억이다. 화자는 망망한 바다와 산 그리고 하늘에 떠 있는 구름을 보며 누군가를 회상하고 있다. 어딘가로 흘러가는 구름처럼 소중한 인연의 시간들을 간직했을 '그대'를 상상하며 화자는 "바람 따라 출렁대며 흩어지고/ 다시 서로를 끌어안고/ 모아지고 흩어짐이 거듭될수록/ 희미해져 가는 기억들이/ 아슴푸레하게 사라질 때/ 나는/ 그대 머물게 하는/ 높다란 산이 되고 싶다"(「구름」)라며 무정한 세월을 떠올린다.

오랜 세월이 흘렀지만, 살다 보면 특별해서 잊히지 않는 사람이 있다. 그 사람이 한때는 죽도록 사랑했던 사람이었다면 돌이킬 수 없는 순정한 화인처럼 가슴에 박혀있기 마련이다. 그 고통의 한 부분일 수 있는 마음을 드러냈다. "씻을수록/ 더욱 검은 피는 흐르고/ 기억은 뚜렷하다/ 나무의 혈관처럼/ 선연하게 심장에 박힌/ 내/ 사랑"(「숯」)으로 참나무가 불을 품고 시뻘건

잉걸불이 되었다가 식어서는 숯의 형상을 갖게 된다. 이는 청결성을 보존하는 데 있어 다용도로 활용되는 유용재다. 그런 숯의 성질처럼 여태껏 변치 않은 마음으로 살아온 삶이다.

    건강검진을 받으러
    병원에 갔다

    진맥을 받기 위해
    손목시계 줄을 풀어내자
    어릴 때 친구와 장난치다
    칼에 베여 꿰맨 손목의
    섬뜩한 흉터가 들어났다

    "간호사님
    보이고 싶지 않은 부끄러운
    흉터를 보이려니
    제 마음이 쑥스럽습니다."

    "선생님
    제 몸도 벗어보면

상처투성이인걸요."

- 「어떤 위로慰勞」 전문

사람의 마음을 움직이는 경로는 눈으로 감각하는 것으로 시작한다. 날카로운 눈초리와 달리 따듯한 마음을 담은 눈길도 있다. 우린 사람끼리 부대끼면서 경계의 시선을 많이 받게 된다. 그러다 보니 남에게 보여서 흠이 될 곳은 되도록 감추며 살아간다. 화자도 그런 신체적인 곳이 있었나 보다. 마침 병원에서 진료받아야 하는 상황에서 난감해진 화자가 어렵게 말을 꺼내 자신의 치부를 미리 발설하여 상대방의 시선을 피해 가려 한다. 그런데 간호사는 그런 상황을 많이 경험했을 것이다. 그래서인지 편안하게 받아넘기며 "선생님/ 제 몸도 벗어보면/ 상처투성이인걸요."라며 화자의 불안한 마음을 다독여 준 것이다. 누군가에게 위로받는다는 것은 고마운 일이다. 말의 진정성과 눈빛으로 전달되는 언어가 더없이 소중한 시를 따뜻하게 품어내고 있다.

하루하루 일하는 시간에서 세끼를 거르며 살 수는 없다. 특히 점심시간이면 콧등을 스치는 짜장면 배달 오토바이가 골목을 누빌 것이다. 화자도 그런 기다림의 시간을 보내며 '수선화'가 핀 정원을 거닐다 자꾸만 파고드는 꽃의 시들어 가는 과정을 보며 애잔해져 버렸다. 절실한 점심도 아니지만, 때가 되어 시켜 놓은 짜장면처럼 수선화도 때에 맞춰 꽃을 피웠을 것이다. 그래서였을까? 오가는 사람들의 누군가에게도 관심도 끌지 못한 수선화다. 그 예쁜 꽃의 화색도 시간에 비례하여 시들어 갈 것을 상상하며 화자가 시켜 놓은 대성 반점 짜장면을 기다리고 있다. 마침 요란하게 달려오는 배달 오토바이가 왔다 갔고 "불어 터진 자장면을 순식간에 빨아 넘긴/ 햇살은 조물딱거린 입술에 지쳐/ 노랗게 물든 단무지를 삼키듯/ 풀어진 눈까풀 사이로 하루가/ 수선화 꽃잎 속에 돌돌 말려있다"(「수선화」)라며 화자도 저 꽃처럼 존재감을 잃어갈 때를 예감하고 있는지 모른다.

화자의 마음이 맑아 그런가? 유달리 꽃을 통해 추억을 환기하는 시가 많다. 담장 아래 수줍게 핀 '모란'을 통해 생의 아름다운 시간으로 파고든다. "모란꽃이 흐드러지게 피던/ 그 어느 봄날 시골에서/ 어머니가 조목조목 만든 반찬거리를/ 모란꽃무늬가 수놓아진 보자기에 싸서/ 머리에 이고 양손에 들고 와서/ 부산 동상동 비탈진 언덕 모퉁이/ 판잣집 자취방에/ 꽃잎처럼 가득 풀어내자 불그스레한 꽃가루가/ 작은 방 안 가득 쏟아져 내렸고/ 어린양 같은 내 눈가에 꽃물이/ 주르륵 흘러내렸었다"(「모란」)며 모란꽃을 보며 화자는 아련한 추억으로 돌아가 어머니를 만나게 된다. 언제나 그랬듯이 그날도 멀리 부산 동상동까지 보따리에 정성스럽게 만든 반찬을 싸서 찾아온 어머니였다. 마냥 계셔줄 것 같은 어머니도 세월을 피해 갈 수 없어 그저 마음만 더 아프다.

어머니가 한동안 계셨음직한 '애명요양원'의 풍경마저 가슴 아프게 다가온다. 연로해서 몸이 불편한 사람들이 걸음을 옮기는 것마저도 힘들어하는 사람들을 보며 한때는 윤기 나도록 반짝였을 엄마의 '장독'을 떠올린다. 어머니의 정갈한 마음처럼 깔끔하던 '장독'이 어느 때부턴가 이빨 빠진 노인네처럼 성한 곳이라곤 없다. "비스듬히 햇살 비출 때마다/ 아지랑이처럼 가물가물 풀어진 시선 잃은 눈동자는/ 금방이라도 가을 햇살에 바스락 깨어질 것 같다"(「장독」)라고 말한다. 소중한 사람도 함께 마냥 있을 때는 존재감을 모른다. 그렇지만 떠나고 없을 때 모락모락 가슴 한 켠으로 막연함 같은 그리움이 솟구친다. 어머니가 그러셨을까? "바람 불어와 낙엽은/ 어디론가 쓸려가고/ 바싹 엎드린 잔뿌리들만 서로/ 담벼락을 더욱 강하게 움켜쥐고 있다"(「담쟁이」)라며 무성한 이파리에 가려 제대로 볼 수 없었던 고통에 겨웠던 시간들을 어떻게 부지해 왔는가를 알았다.

    빈 창가에

마른 낙엽 하나 날아와 앉아 있다

얼굴에는 검버섯이 군데군데 피어 있고

퇴색된 머리는 이미 백발이다

아버지는 몇 달 전 세상을 떠난 옆집

친구의 이름이 기억나지 않는단다

오랜 세월 함께한 친구들의 이름이 가물가물하다

기억나지 않는 이름을 몇 번이나 되뇌이다

허허 이래 살아가 뭐하겠노, 혀를 찬다

흐릿한 눈망울은 마당 가장자리

잎 다 떨어져 버린 감나무 가지 끝에

물끄러미 젖은 시선이 닿아 있다

앙상한 감나무 사이로

해가 진다

빨갛게 익은 노을 한 알 걸려 있다

-「감나무」 전문

  나이 들어야 보이는 세상이 있다. 그분들이 건재했던 동안은 그분들이 세상의 전부였다는 생각을 하지 못했다. 지나고 보니 그분들이 있어 우리를 여기까지 이끌어준 것이었고 그 자체가 의지였고 환한 빛이었다는 것을 깨달았다. 화자는 아버지를 생각한다. 아버지도 혈기 왕성했던 시절엔 매사에 흐트러짐 한번 보이지 않는 분이었다. 그렇지만, 그 세월이란 것이 그런 아버지를 가만두지 않았다. "오랜 세월 함께한 친구들의 이름이 가물가물하다/ 기억나지 않는 이름을 몇 번이나 되뇌이다/ 허허 이래 살아가 뭐하겠노, 혀를 찬다" 갈수록 분별력과 사물에 대한 인지 능력 저하가 심각하다. 아무 잘못도 아닌 아버지를 탓할 수 있는 것도 아니다. 그저 아버지는 자신을 한탄하시면서 물끄러미 감나무만 바라보신다. 이제 그 감나무 아래에서 아버지의 모습을 떠올리는 것이 자식의 몫이 되었다. 사람의 인연은 모질어 쉽게 잊히지 않는다. 아버지와 어머니의 시간으로 기억되는 아련한 것은 왜 그리 속이 뭉근해지면서 아파 오는 것인지 모르겠다.

누구보다 더했을 아버지의 자식에 대한 애틋함은 남다르셨다. 그날도 아들이 찾아온다는 기별을 받으셨고 며칠 전 장터에서 가장 큰 감성돔을 사서 손질 후 꾸둘꾸둘하게 말려두었다. 아들이 오면 맛있게 구워 상차림 할 생각에 들뜬 어머니 마음은 아버지보다 더하셨다. 그런데 온다던 아들은 갑자기 내려올 수 없는 일이 생겨버렸다. 점심상을 다 봐놓고 아들을 기다리던 부모님의 얼굴이 침통해져 버렸고 "점심밥을 식탁에 차려 놓고 밥술은 뜨지도 못하고/ 구워둔 생선만 내내 바라보고 계셨다"(「감성돔」)라며 안타까운 당시의 마음을 전하고 있다.

이제 그런 부모님도 이 세상에 계시지 않는다. 남은 것은 그 분들의 손때가 묻은 '괭이자루'만 남았을 뿐이다. 아버지 떠나시고 한참 후에 찾아간 산밭이었다. 호박 넝쿨이 괭이자루를 휘감고 올라타서 쓰러질 것 같은 모양이 안쓰럽다. 당신의 생애를 온통 쏟아부은 산밭 모퉁이에 이제는 마음을 비운 채 자그마한 흙무덤을 보듬고 계신 아버지는 무슨 행각을 하고 계실까? "우리 아버지가 사용하다 농사일 손 놓으시고/ 아무렇게 내팽개쳐 둔 괭이"(「괭이」)를 보며 만감에 젖어든 화자도 세월의 풍상을 다는 이해할 수 없어 황망해한다.

사물을 통해 세상을 바라보는 것은 시인만이 아니다. 까닭 없이 피고 지는 강가의 매화나무도 마찬가지다. 간혹 왜냐고 묻지만, 그에 대한 답은 뾰족한 게 없다. 그저 필 따름이다. 사람도 마찬가지로 왜 외롭냐고 물으면 가슴이 슬퍼져서 사람을 그리워하는 것이라고 말할 수밖에 없다. 그런 화자의 심적 정황을 고백하듯 "나무는 외로워서 꽃을 피우고/ 사람들은 외로워서/ 모래바람 부는 강가에 와서 꽃을 본다"(「외로워서 꽃은 피고」)며 동조화된 자의식을 드러낸다.

지나온 시간을 비추고 있는 시의 문장들이 아침 고요를 품어 핀 덕천강 강가의 물안개처럼 일렁인다. 그 마음들이 지나온 또 다른 풍경으로 전이되어 끝없이 파노라마 같은 추억을 피워낸다. "뙤약볕이 쏟아져 내리는 대평들 덕천강 강가에/ 강아지 눈 같은 개망초꽃이 들판 가득 피었다", "나도 그 길을 따라 걸어보지만/ 그 사람은 지금 없고 수양버들 가지만/ 바람에 아련한 추억처럼 흔들거린다"(「강가에서」)는 화자의 마음은 여전히 시적 공간에서만큼은 무한 사랑을 쫓아가고 있다.

우리는 알게 모르게 시간의 매듭을 짓고 살아간다. 하루를 더해 한 달을 살고, 한 해를 거듭해 십 년을 산다. 그러다가 우린 기어이 한 생을 가르며 세상을 떠나간다. 지나고 보면 긴 것 같지만, 한순간 같은 생을 살며 갖은 풍상을 견디며 살아간다. 화자는 딸아이와 들길을 걷고 있다. 화자가 장난삼아 툭 던진 말을 물고 있는 딸아이의 천진난만한 말이 긴 여운으로 귓가에 감돈다. "슬기야/ 저 꽃들이 백년 후에도 그 자리에 피고 있을까?/ 응 피고 있겠지……/ 아빠/ 우리 그때도 만나/ 백년 후에도"(「백년 후의 약속」)라며 말한 딸아이가 여한 없이 삶의 의미를 가열하고 있다. 딸아이의 말이 작은 희망이 되어 열심히 살아야 할 구실이 되었다.

  그렇다면 어머니에게 화자는 어떤 모습으로 작용한 것일까? 생각해 보니 어머니에게는 살아온 날들이 모두 고된 노동의 시간이었음을 상기한다. 좋았던 꽃 시절에 화사한 꽃 한번 쳐다보지 못한 채 늙어 당신의 몸조차 제대로 가눌 수 없게 되고 말았다. 그런 어머니를 모시고 "몸도 제대로 가누지 못하는 엄마 허리를 잡고/ 한 손은 손 가락지를 끼고 봄볕 아래/ 꽃눈 내리는 길을 따라 하나둘 발걸음을 옮기며"(「봄날의 왈츠」) 100년쯤 된 벚꽃나무 아래에서 왈츠를 추는 상상의 나래를 펼친다. 화려했어야 할 생의 순간들은 행운처럼 오래 지속될 수 없다. 하지만, 어딘가에 흔적으로 남아 이 세상에 전해진다.

    사람들이 박물관에 와서 서성인다

    천년의 활자가 박힌 항아리를 눈으로 훑고 지나간다

    한 권의 책으로도 그들의 문장을 다 읽을 수 없지만

    속이 훤히 보이는 꽉 막힌 유리벽 안으로

    사람들은 한 발짝도 들어서지 못하는데

    묵은 족자 속 강물이 흐르고

    시커먼 글자들이 살아서 튀어 나온다

    죽은 자들의 소유물이었던 보물들을 훔쳐 왔거나

> 심해를 헤엄쳐 왔거나, 깊은 땅속에서 여기까지
> 오는 동안 수백 년이 걸렸을 것이다
> 그 억겁의 시간을 생각해 보면 박물관 유리벽으로
> 스며드는 그들의 그림자는 금방이라도
> 바삭하게 부서져 버릴 것 같다
> 우리가 살아가는 길도 저 인고의 세월을 건너온 것처럼
> 사람들마다 마음속에 바싹 마른 꽃을 걸어두고
> 깨어진 조각을 맞추듯 빗살무늬토기 같은 수많은
> 시행착오를 겪은 파문들로 가득한
> 박물관 하나쯤 지어놓고 사는지도 모를 일이다
>
> - 「박물관」 전문

우린 태어나 긴 세월을 살아가며 언젠가는 끝을 볼 수밖에 없다. 그러면서 사람들은 자신이 살아온 동안을 알지 못한다. 그것의 결과는 먼 훗날 그 삶을 들여다보며 나와 무관한 사람들에 의해 판단될 것이다. 화자는 우연히 찾아간 '박물관'에서 많은 생각에 잠긴다. 이미 그 실재한 유물의 주인은 세상에 존재하지 않는다. 오로지 남은 것은 주인을 잃은 유물만이 구구절절한 일들을 함구한 채 새겨진 문자로만 말을 전하고 있다. 오래전의 것이라는 것마저도 증명할 수 있는 것은 실체로 보이

는 것뿐이다. 그렇기에 그 지독한 세월을 잘도 견뎌냈을 실존에 대한 의지를 보여줘야 할 도구는 진정을 담은 문학뿐이란 것을 깨달았다. 그 안에 담겨야 할 생전의 주체였던 왕성한 감성은 배제되고 오직 판독할 수 있는 문자로만 이해될 뿐이다. 실존과 실재의 흔적으로 남은 구체(具體)를 통틀어 드러내고자 하는 존재에 대한 감각으로 실체를 발견하기 위해서는 시인의 상상력만큼이나 풍부한 발상의 전환이 필요한 것이다. 우리가 살고 있는 현시점에서 소중한 것은 많은 말이 아니라 진정한 삶의 의미를 위한 언행이란 것을 말하고 있다. 현재의 모든 것은 훗날의 자신을 위한 박물관에 인용될 발자취란 것과 같다.

지금껏 곽문호 시인의 시 안에 담긴 담론적 근원을 이해하기 위해 살펴보았다. 우선 오랜 체험을 통해 발화한 시이기 때문에 그 안에 담긴 서사성은 진정함이 더해져 특별한 의미를 견지하고 있다. 거기에 더해 세상의 변화보다는 그동안 보고 느낀 인간적인 온유로움으로 문학의 효용적인 범주에서 더 말하고 싶다는 심정적 소회를 알 수 있었다. 그런 유형성으로 포용한 꽃의 오묘한 천태만상(千態萬象)을 보며 지나칠 수 없는 순정한 마음과 부합하였을 것이다. 그러면서 시의 본령인 서정성을 바탕으로 한 시의 발화가 자연스럽게 인용되고 문장으로 변주를

거쳤다. 또한, 시적 형용에서 긴 세월 동안 시에 대한 고뇌가 상당했음을 보여준다. 그러한 과정은 자연스럽게 시적인 성장통과도 같은 것으로 공감할 수 있다. 어머니와 아버지의 추억을 소환한 문장에는 누구나 마음속에 품고 있을 친근함으로 다가와 거부감 없이 다가온다. 시의 근본인 삶의 개입이 가감 없이 천성처럼 발화한 것도 순수함을 더해 시적 완성으로 가는 유효 기제로 볼 수 있다. 그 부모님의 애틋한 가족사가 곽문호 시인의 성장과 자녀에게로의 대물림으로 결국에는 사회적인 온기로 번져가는 파장의 감도를 품어준다. 여기에서 멈출 수 없는 이유가 있다면 지금보다 더 깊숙한 심연 속 서정으로 자신을 끌고 들어가야 할 숙명일 것이다. 이후 편안해진 마음도 잠깐이고 고통에 겨운 시업(詩業)을 시지프스의 고행처럼 당연한 것으로 받아들여야 할 것이다.